DECLARATION

DV ROY, PORTANT

defenses à toutes personnes de quelque qualité qu'elles soient, de porter ny faire porter à la campagne ou ailleurs, aucunes harquebuses, pistolets ny autres bastons à feu ou armes offensiues, sur les peines portees par les Ordonnances.

Verifiée en Parlement le treziesme Feurier 1623.

A PARIS,

Chez FED. MOREL, & P. METTAYER,
Imprimeurs ordinaires du Roy.

M. DC XXIII.

Auec Priuilege de sa Maiesté.

DECLARATION DV ROY,

portant defenses à toutes personnes de quelque qualité qu'elles soient, de porter ny faire porter à la campagne ou ailleurs, aucunes harquebuzes, piftolets ny autres baftons à feu ou armes offenfiues, fur les peines portees par les Ordonnances.

LOVIS par la grace de Dieu, Roy de France & de Nauarre, A tous ceux qui ces prefentes Lettres verront, Salut. Les derniers mouuemens furuenus en ce Royaume,

ayans interrompu l'obſer-
uation des defenſes du port
d'armes offenſiues que nous
y auons faiƈt publier : Et
deſirant pour reſtablir &
affermir vn entier repos en
nos Prouinces , en ſuite de
la Paix , que nous auons
donnée à nos ſubjets de la
Religion pretendue refor-
mée , retrancher les abus &
licences que pluſieurs ont
renouuellees par ledit port
d'armes , au preiudice de la
tranquillité & liberté pu-
blique :   Pour ces cauſes

& autres à ce nous mou-
uans, Auons declaré &
declarons, Voulons &
nous plaist par ces presen-
tes signees de nostre main,
que les Edicts, Declara-
tions & Ordonnances par
les Roys nos predecesseurs
& nous, cy deuant faictes
sur lesdits ports d'armes offensiues, sortent leur plein
& entier effect, & soient
gardees & obseruees entie-
rement, & sans aucune
contrauention. Et à ceste
fin, les auons de nouueau

entant que besoing seroit,
confirmées & authorisées,
confirmons & authorisons
en tous leurs poincts, faict
& faisons tres-expresses in-
hibitions & defenses à toutes personnes de quelque
qualité & condition qu'elles soient , de porter ny
faire porter par leurs gens,
domestiques ou seruiteurs,
soit à la campagne ou ailleurs, aucunes harquebuses,
pistolets , ny autres bastons
à feu , ou armes offensiues,
souz quelque pretexte que

ce foit , fans permiffion fignee de nous , & contre-
fignee par l'vn de nos Se-
cretaires d'Eftat , fur les
peines portees par nofdits
Edicts & Ordonnances,
que nous voulons & enten-
dons eftre declarees , com-
mifes & executees à l'en-
contre des contreuenans,
par nos Iuges & Officiers,
par les voyes & rigueurs
d'icelles felon l'exigence des
cas , à peine de nous en
refpondre en leurs priuez
noms. N'entendans tou-

tesfois comprendre en ceste
noſtre preſente Declara-
tion, les gens de nos Or-
donnances, ny ceux de nos
Gardes & autres trouppes,
tant de pied que de cheual
par nous entretenues, auſ-
quels par noſdits Edicts &
Ordonnances, ledit port
d'armes eſt permis pour
noſtre ſeruice, tant en allant
que retournant, & pendant
la reſidence qu'ils font à
leurs charges ſeulement, &
non autrement : Et à la
charge de n'en abuſer, ny

ſouz

souz ce priuilege commettre aucuns excez ny outrages à l'endroit de nos subjets, sur les mesmes peines.

Si donnons en mandement à nos amez & feaux Conseillers les gens tenans nos Cours de Parlements, & à tous nos Baillifs, Seneschaux, Preuosts, Iuges ou leurs Lieutenans, & autres nos Iusticiers, Officiers, & chacun d'eux endroit soy, & comme à luy appartiendra, que nostredite presente Declaration, vouloir & intention , ils facent lire , publier, & le contenu garder, obſeruer, & entretenir inuiolable-ment : Ceſſant , & faiſant ceſſer tous troubles & em-peſchemens au contraire : nonobſtant oppoſitions ou appellations quelſconques : Pour leſquelles & ſans pre-iudice d'icelles , ne voulons eſtre differé : Car tel eſt noſtre plaiſir. En teſmoing dequoy , nous auons faiⅽt mettre noſtre ſeel à ceſdi-tes preſentes.

Donnees à Paris le vingt-
neufiefme iour de Ianuier,
l'an de grace mil six cens
vingt-trois. Et de noftre
regne le treziefme.

Signé, LOVIS.
Et fur le reply, Par le Roy,
BRVLART.

Et feellee du grand feau
de cire jaune, fur double
queüe.

Et fur ledit reply eft en-
core efcrit,

*Leües, publiees et regiftrees,
Ouy et ce requerant le Procureur
general du Roy, pour eftre execu-*

tees selon leur forme et teneur, et
que coppies collationnees seront en-
uoyees aux Bailliages et Senes-
chaussees de ce ressort, pour y estre
pareillement leües, publiees, regi-
strees, executees et obseruees à la
diligence des Substituts dudit Procureur general, ausquels enjoinct
d'y tenir la main, et certifier la
Cour auoir ce faict au mois. A
Paris en Parlement, le treziesme
iour de Feurier mil six cens vingt-
trois.

Signé, **GALLARD.**

Sommaire du Priuilege.

PAR Lettres patentes du Roy, donnees à Paris le vingt deuxiesme iour de Feurier, mil six cens vingt, signees, LOVIS, & sur le reply, Par le Roy, DE LOMENIE, & scellees du grand scel dudit Seigneur, en cire iaulne sur double queue: verifiees, tant en la Cour de Parlement, Chambre des Comptes, Cour des Aydes, Chastelet de Paris, qu'au Bailliage du Palais: Il est permis à Federic Morel, & Pierre Mettayer ses Imprimeurs ordinaires, d'imprimer, ou faire imprimer, vendre & debiter tous Edicts, Ordonnances, Mandemens, Lettres patentes, comme aussi tous Arrests, tant de son Conseil, que de ses Cours, sans qu'autres Libraires & Imprimeurs les puissent imprimer ne faire imprimer, vendre ne distribuer, en quelque sorte & maniere que ce soit, sur peine de cinq cens liures d'amende. Voulant au surplus, que tout ce qui se trouuera imprimé de ce que dessus, par autres que lesdits Morel & Mettayer, soit saisi & cancelé comme nul & faulx, & faict contre son auctorité & commandement.